AF231628

Chemin de Fer

DE

PARIS A VERSAILLES.

(RIVE GAUCHE.)

(5)

Imprimerie de A. EVERAT et Cᵉ, rue du Cadran, 14 et 16.

Messieurs les Députés,

En 1835, la Chambre des députés votait la concession du chemin de fer de Paris à Saint-Germain.

En 1836, le gouvernement demandait à la Chambre l'autorisation de procéder, par la voie de la publicité et de la concurrence, à la construction d'un chemin de fer de Paris à Versailles, partant de la rive droite de la Seine, et s'embranchant sur le chemin de Saint-Germain, à Asnières.

Cependant, les habitants de la rive gauche de la Seine s'étaient émus; et, dans la crainte de voir la balance des intérêts pencher tout entière sur la rive opposée, ils avaient adressé une pétition à la Chambre des députés.

La majorité de la commission nommée pour examiner le projet de loi du gouvernement était décidée à en proposer le rejet, lorsque M. le ministre du commerce et des travaux publics et M. le directeur général des ponts et chaussées lui demandèrent une transaction dans les termes suivants :

« Nous vous avons présenté un projet partant de la rive droite,
« parce que ce projet nous était désigné comme le meilleur, sous
« le rapport de l'art ; parce que, sous le rapport économique, il
« était adopté par les conseils municipaux des deux villes qu'il
« s'agit de réunir par une voie de fer. Vous paraissez avoir une
« conviction contraire ; nous respectons votre conviction, mais
« nous gardons la nôtre. Toutefois, et COMME NOUS AVIONS L'IN-
« TENTION D'ADJUGER PLUS TARD UN CHEMIN SUR LA RIVE GAUCHE,
« QUE NOUS REGARDONS COMME LE COMMENCEMENT D'UNE GRANDE LI-
« GNE, nous vous proposons d'adjuger à la fois et le chemin sur
« la rive droite, tel que nous l'avons présenté, et un second che-
« min sur la rive gauche. »

(Moniteur, séance du 13 juin 1836.)

La commission adopta ce compromis, et ce fut sur ce système
de concurrence que s'ouvrit la discussion.

Dans cette discussion, l'honorable M. Arago s'opposa à la dou-
ble adjudication, prétendant que la circulation entre Paris et
Versailles ne pouvait pas alimenter deux chemins de fer. L'honorable M. Mathieu déclara que le chemin de la rive droite n'était
autre chose qu'un chemin de Versailles à Asnières, avec un em-
branchement sur Paris.

D'autres orateurs demandèrent l'ajournement du projet de
loi.

Malgré ces observations, la Chambre se rangea à l'avis de la
la commission et vota les deux chemins.

Dans le cours de la discussion, M. le ministre du commerce et
des travaux publics se prononça d'une manière encore plus po-
sitive. Qu'il nous soit permis de citer le passage de son discours
qui s'applique au chemin de la rive gauche.

3

« On demande s'il est prudent, de la part du gouvernement,
« d'autoriser à la fois deux chemins de fer, l'un sur la rive droite,
« l'autre sur la rive gauche : lorsque nous avons proposé le projet
« de loi qui n'autorisait qu'un chemin de fer sur la rive droite,
« c'est qu'alors il n'y avait pas de projet sur la rive gauche qui
« eût reçu l'assentiment de toutes les autorités compétentes; MAIS
« IL A TOUJOURS ÉTÉ DANS L'INTENTION DE L'ADMINISTRATION QU'IL Y
« EUT DEUX CHEMINS DE FER. La raison en est simple : jusqu'ici on a
« voulu considérer cette question comme s'il s'agissait unique-
« ment d'un chemin de Paris à Versailles; mais je ferai remarquer
« QUE CES CHEMINS DE FER NE SONT QUE DES TÊTES DE CHEMINS DESTINÉS
« A ÊTRE PROLONGÉS ET A ATTEINDRE DES POINTS BEAUCOUP PLUS ÉLOI-
« GNÉS QUE VERSAILLES. AINSI, SUR LA RIVE GAUCHE, IL Y A DANS LE
« CONSEIL UN PROJET DE CHEMIN DE FER ALLANT DE PARIS A TOURS.
« Dans ce projet, le point de départ est à Paris, sur la rive gauche
« de la Seine, et le chemin passe par Versailles. Lorsque ce pro-
« jet aura obtenu l'assentiment complet du conseil des ponts et
« chaussées, il sera proposé aux chambres pour y être converti
« en loi. NOUS SAVIONS QUE L'ANNÉE NE SE PASSERAIT PAS SANS QUE NOUS
« EUSSIONS A VOUS PROPOSER UN PROJET DE CHEMIN A ÉTABLIR SUR LA
« RIVE GAUCHE. »

(Discours de M. le ministre du commerce et des travaux publics, même séance. *Moniteur.*)

Il résulte de ce simple exposé des faits :

1° Que le chemin de fer de la rive gauche est sorti de l'initia-
tive de la chambre et qu'il a été consenti par le gouvernement
pour obtenir le vote du chemin de la rive droite;

2° Que le chemin de la rive gauche a été proposé et **voté**
comme devant servir de tête de ligne au chemin de Paris à
Tours.

Avec ces précédents, il était naturel qu'une compagnie se formât pour l'exécution du chemin de la rive gauche.

Le chemin fut adjugé le 26 avril 1837.

La Compagnie formée à la suite de cette adjudication se constitua avec un capital de huit millions et une réserve de deux millions, quoiqu'elle fût autorisée par le gouvernement à se constituer avec un fonds social de quatre millions seulement.

Nous n'avons pas à retracer ici le développement des travaux de la Compagnie; qu'il nous suffise de dire qu'elle lutta avec énergie et persévérance contre les prétentions privées et les difficultées administratives, qu'elle fît tout ce qui était en son pouvoir pour arriver promptement au but de son entreprise.

Cependant, au mois de novembre dernier, le capital de la Compagnie était absorbé, et le discrédit général qui pesait sur toutes les actions de chemin de fer ne permettait pas à la Compagnie de réaliser les deux millions de sa réserve : ses statuts d'ailleurs lui défendaient de les négocier au-dessous du pair.

Une assemblée générale des actionnaires eut lieu; elle autorisa le conseil d'administration à contracter un emprunt de cinq millions pour l'achèvement des travaux.

Toutes les tentatives faites par la Compagnie auprès du crédit privé furent sans résultat, et elle fut forcée d'avoir recours au gouvernement.

La crise politique qui, pendant six mois, a paralysé l'action de l'administration et des chambres, n'a pas permis que le gouvernement statuât plus tôt sur les réclamations que nous lui avions adressées.

M. le ministre des travaux publics, édifié par les documents que nous lui avons fournis et par les explications dans lesquelles nous sommes entrés auprès de lui sur la situation présente de notre affaire et sur ses chances dans l'avenir, vous a présenté un projet de loi à l'effet d'obtenir l'autorisation de consentir, au nom de l'état, à notre Compagnie, un prêt de cinq millions de francs, et de modifier le cahier des charges qui nous régit.

La première question qui se présente est de savoir si l'intérêt de l'état est suffisamment garanti.

Nous lui offrons d'abord pour gage huit millions utilement employés, quoi qu'on en ait pu dire; notre réserve de deux millions réalisée au pair; ainsi une valeur totale de dix millions, sur lesquels trois millions au moins seront représentés par un matériel considérable estimé au plus bas prix; en outre, comme moyen et sûreté de remboursement, les premiers produits de notre exploitation.

A cet égard, nous avons déjà donné satisfaction complète à l'administration qui n'a pas craint d'engager sa responsabilité, et nous sommes prêts à fournir à la commission que vous nommerez une justification qui lèvera tous les doutes.

Vous comprendrez, Messieurs les Députés, que cette discussion de chiffres doit être réservée pour les débats de votre commission. Nous avons d'ailleurs hâte d'arriver à la réfutation non moins essentielle de difficultés d'une autre nature qui peuvent avoir fait quelque impression sur vos esprits : il s'agit de celles qui sont suscitées par le fait de la concurrence que la loi a établie.

Ces difficultés ont été soumises à l'administration et seront probablement reproduites devant vous.

On prétend que le principe de la concurrence interdit toute modification du cahier des charges, et l'on qualifie le prêt de cinq millions d'infraction à la loi commune qui régit les deux Compagnies.

Aucune disposition du cahier des charges n'interdit à l'état la faculté de prêter aux Compagnies ou à l'une d'elles. Il est à cet égard complétement libre, il reste juge des motifs que chacune des Compagnies peut faire valoir dans son intérêt; il a apprécié les nôtres, et l'administration n'en doit compte qu'aux Chambres.

Mais, à travers les apparentes considérations de droit et d'équité derrière lesquelles se retranche la Compagnie rivale, il est facile de démêler l'intention réelle de cette Compagnie; elle ne veut que la destruction de ce principe de concurrence dont elle semble réclamer le maintien rigoureux.

La Compagnie de la rive droite présume que, si le prêt de cinq millions nous est refusé, nous serons obligés d'abandonner l'entreprise, qu'aux termes du cahier des charges nous devrons être expropriés dans le délai d'un an, et qu'alors le chemin, remis en adjudication, pourra être acheté à vil prix par cette Compagnie ou par ses prête-noms.

Si ce projet réussit, la Compagnie de la rive droite espère qu'après avoir réuni les deux intérêts dans une même main, elle pourra facilement obtenir des Chambres l'annulation de la loi de 1836 et la destruction du chemin de la rive gauche.

Vous ne vous prêterez pas, Messieurs les Députés, à la réalisation de ce calcul qui repose avant tout sur notre ruine ; vous ne sacrifierez pas à un intérêt privé une loi d'intérêt public; vous ne retirerez pas à de nombreuses populations le bienfait d'un droit que vous avez reconnu et sanctionné par vos suffrages; vous ne voudrez pas nous punir d'avoir eu foi dans les promesses de l'administration, confirmées par vos délibérations.

En votant, l'année dernière, le chemin d'Orléans, vous nous avez, en quelque façon, privés d'un avantage qui nous semblait acquis, celui du prolongement de notre chemin jusqu'à Tours. Après nous avoir porté ce tort si réel, vous ne voudrez pas nous enlever les chances que nous réservent l'avenir et l'achèvement de notre chemin.

Et d'ailleurs, quand même vous ne prendriez pas en considération les intérêts si nombreux que nous représentons, la destruction du chemin de la rive gauche n'est pas aussi facile à consommer que le pensent nos adversaires. A côté de nos droits, qui peuvent périr par la déchéance et l'expropriation, il est des droits non moins sacrés et qui survivront à la ruine de la Compagnie.

Votre commission des pétitions est saisie des nombreuses réclamations qui lui ont été adressées par les populations auxquelles le bienfait du chemin de fer a été garanti, et par les propriétaires expropriés.

Une de ces pétitions soulève de graves difficultés.

Ces propriétaires, qui n'ont été expropriés que pour un motif d'utilité publique défini, l'établissement d'un chemin de fer, vous ont exposé l'état déplorable dans lequel leurs propriétés se trouvent placées par la suspension des travaux; ils demandent que la condition essentielle de l'expropriation, l'achèvement des travaux, soit remplie. Que serait-ce donc si, en refusant le prêt que nous demandons à l'état, vous sanctionniez par avance le projet de destruction du chemin?

Ces propriétaires invoquent dès aujourd'hui contre l'état l'obligation civile des principes les plus positifs du droit.

D'après la loi du 9 juillet 1836 et le cahier des charges, le propriétaire du chemin de fer, c'est l'état, dès aujourd'hui. La Compagnie n'en a que l'usufruit à temps.

En matière d'usufruit, toutes les dépenses qui touchent au fonds sont à la charge du nu-propriétaire. (Art. 605, 606 et 609 du Code civil.)

Vis-à-vis des tiers, l'expropriation s'est opérée aux risques de l'état, car les lois ne la permettaient que pour lui.

Les propriétaires expropriés considèrent l'état comme le débiteur direct de l'indemnité à laquelle ils croient avoir droit, si le chemin n'est pas achevé.

L'état, en déléguant à une compagnie concessionnaire le droit de suivre l'expropriation, n'a pu s'affranchir de la solidarité qui pèse sur lui en faveur des expropriés, puisque ceux-ci n'ont pas accepté volontairement la délégation.

Or, pour que le contrat d'expropriation soit réputé exécuté de sa part vis-à-vis d'eux, il ne suffit pas qu'ils aient reçu le capital de l'indemnité fixé par le jury, il faut que les autres charges de l'expropriation soient remplies ; il faut que le but d'utilité publique qui a été la condition SINE QUA NON de l'expropriation, soit réalisé, c'est-à-dire qu'il y ait achèvement complet de l'entreprise.

Si les droits des propriétaires expropriés ont quelque valeur, et, aux termes de la loi, ils ne peuvent être méconnus, il faudra donc que l'état achève le chemin, ou, en cas de destruction du chemin, que l'état, à défaut de la Compagnie ruinée, leur paie une indemnité dont l'appréciation entraînerait de longues contestations; ou bien, ce qui est impossible, que l'état remette les lieux dans la situation où ils étaient avant l'expropriation. La dépense que cette obligation mettrait à la charge de l'état équivaudrait au moins au prêt que nous demandons. Vous aurez à choisir entre un prêt de cinq millions suffisamment garanti, et un sacrifice de cinq millions sans aucune compensation.

D'une part le chemin ne peut être détruit, et de l'autre l'état ne pourra trouver aucun adjudicataire sérieux pour le continuer; car, si les conditions rigoureuses du cahier des charges sont maintenues contre nous, si même, par une fausse interprétation, on infère du cahier des charges que l'état ne peut pas nous prêter, après nous avoir ruinés par ce refus, on n'ira pas affranchir le nouvel adjudicataire des conditions qui auront amené notre ruine. Cet adjudicataire, à supposer qu'il se présentât et qu'il obtînt même pour rien la propriété de nos travaux, aurait encore à verser un capital trop considérable pour courir des chances aussi désavantageuses.

Ainsi, le vote qui nous priverait du secours de cinq millions susciterait d'inextricables difficultés, et n'aurait d'autre résultat que de faire perdre à nos actionnaires les huit millions déjà engagés dans notre entreprise et de coûter à l'état une somme au moins équivalente au prêt que nous lui demandons.

Il ne s'agit pas ici d'une spéculation aventureuse qui ne mérite ni encouragement ni protection et qui peut être impunément sacrifiée. Veuillez vous rappeler, Messieurs, la discussion de la loi de 1836: si, à cette époque, de fâcheuses erreurs ont été commises, elles ne peuvent être imputées à la Compagnie, qui cependant en supporte toutes les conséquences, conséquences que vous ne sauriez aggraver.

La seule modification que le nouveau projet de loi apporte au cahier des charges, c'est l'autorisation de nous arrêter à la barrière du Maine. En cela, l'administration n'a pas consulté seulement notre intérêt, mais il a été reconnu, depuis le vote de la loi de 1836, qu'il y avait inconvénient à laisser pénétrer les lignes de chemins de fer trop avant dans la capitale, et que ce prolongement ne pouvait être acquis qu'au prix d'énormes sacrifices. D'ailleurs, cette entrée dans Paris n'est pas une obligation, mais seulement une faculté pour une partie du parcours.

La Compagnie de la rive droite, tout en s'opposant à cette modification, prétend, d'un autre côté, que notre point de départ sera moins avantageux que le sien. Cette modification ne lui porte donc aucun préjudice réel, à moins qu'elle ne compte pour un bénéfice à elle acquis la perte, pour nous, de trois à quatre millions. Vous ferez justice de cette prétention.

La Compagnie de la rive droite se plaint de l'opposition que nous avons pu mettre à certaines modifications de son cahier des charges ; mais cette opposition était suffisamment justifiée par une circonstance qui doit vous être signalée.

Le cahier des charges limitait en maximum nos pentes à 4 millimètres, tandis qu'il permettait à la rive droite d'étendre les siennes à 5 millimètres ; nos ingénieurs avaient présenté un projet qui n'excédait que faiblement cette limite ; l'administration nous a refusé cette modification, se fondant sur l'inflexibilité du cahier des charges.

Nous avons déclaré à M. le ministre des Travaux publics que nous étions prêts, en retour de ce qui nous serait concédé, à nous désister de notre droit d'opposition à l'augmentation du tarif de la rive droite, faculté d'une haute importance pour cette Compagnie, et qu'elle n'obtiendrait pas aussi facilement si nos droits passaient dans d'autres mains.

Depuis la présentation du projet de loi soumis à votre examen, l'assemblée générale de nos actionnaires a eu lieu. Une commission nommée par une précédente assemblée a présenté un rapport qui approuve la gestion du conseil d'aministration, et contient les renseignements les plus rassurants sur l'avenir de notre entreprise, si elle parvient à son achèvement.

Cette commission s'est livrée à une longue et scrupuleuse investigation ; elle a , pour compléter son examen , consulté un ingénieur anglais qui a exécuté de nombreux et importants travaux. Cet ingénieur, M. Vignolles, a déclaré que les conditions imposées par l'administration avaient nécessité une énorme dépense, et en même temps il a rendu, dans les termes suivants, justice complète à la direction imprimée à nos travaux.

« Les dessins, les plans, les études des profils, les mètrés, les
« tableaux et pièces justificatives, ont été dressés d'après le meil-
« leur système possible, et l'on rencontre partout les preuves les
« plus évidentes que les ingénieurs n'ont épargné ni leurs pei-
« nes ni leurs soins pour recueillir les renseignements prépara-
« toires, établir les différentes évaluations , et pour conserver
« les registres exacts de tous ces détails dans lesquels on ne
« peut remarquer que les traces du travail le plus consciencieux.

« Cette entreprise présentait des difficultés peu ordinaires, exi-

« geant de pénibles travaux à exécuter promptement, au moyen
« d'entrepreneurs peu accoutumés à ce genre d'opérations et
« n'ayant à leur disposition que des ressources insuffisantes, com-
« parativement à ce qu'offre la même classe d'hommes en Angle-
« terre ; et en considérant l'échelle inusitée en France sur la-
« quelle cet ouvrage a été entrepris, je ne puis qu'admirer la cé-
« lérité, l'économie et la perfection apportées dans son exécu-
« tion. »

Dans la même assemblée, nous avons donné connaissance à
nos actionnaires du projet de loi qui vous a été présenté, et la
première condition de la souscription de deux mille actions au
pair, soit un million, a été immédiatement réalisée.

Vous prendrez, Messieurs les Députés, en considération ce
nouvel effort tenté par des actionnaires qui n'hésitent pas à
prendre au pair des titres dont le cours actuel est de 5o. p. 1oo
au-dessous du pair. Vous verrez dans cet empressement une
preuve de l'intention sérieuse et en même temps de la possibilité
d'accomplir les obligations que nous impose le projet de loi. Si
notre ruine venait à être consommée, ce ne serait donc ni à notre découragement, ni à l'abandon du gouvernement qu'il fau-
drait l'imputer.

Vous allez être appelés, Messieurs les Députés, à statuer sur
les réclamations de plusieurs Compagnies. Notre situation est
tout exceptionnelle : nous avons dépensé notre capital dans des
travaux sérieux qui recouvreront toute leur valeur par leur
achèvement, nous avons fidèlement exécuté toutes les conditions
qui nous étaient imposées ; nous n'avons reculé devant aucun
sacrifice, nous n'hésitons pas encore aujourd'hui, après avoir
employé huit millions, à verser dans notre entreprise deux mil-

lions de plus; nous souscrivons à tout ce qui peut assurer l'intérêt de l'état : c'est à vous à décider si tant de sacrifices doivent
être récompensés par une ruine dont vous pouvez nous préserver
en nous accordant un secours suffisamment garanti.

Appelés à décider du sort de l'association en France, vous vous
rappellerez que les chemins de Saint-Germain et de Versailles
ont été votés POUR QUE LES CAPITALISTES PARISIENS, ÉMUS PAR LES
VIVES IMPRESSIONS QUE PRODUIT SUR TOUS LES ESPRITS LA FRÉQUENTA-
TION D'UN CHEMIN DE FER EN EXPLOITATION, ET MIS A PORTÉE D'EN
APPRÉCIER LES PRODIGIEUX RÉSULTATS POUR LE TRANSPORT DES HOMMES
ET DES MARCHANDISES, FUSSENT PLUS DISPOSÉS A S'ASSOCIER A DES ENTRE-
PRISES ANALOGUES CONÇUES SUR UNE ÉCHELLE PLUS VASTE ET DE NATURE
A ASSURER AU PAYS DES AVANTAGES PLUS RÉELS

(Rapport sur le chemin de St.-Germain, séance du 13 mai 1835.
Moniteur.)

Nous attendons de votre justice, MESSIEURS LES DÉPUTÉS, que
vous prendrez en considération les observations que nous venons
de vous soumettre, et que vous accorderez votre sanction au
projet de loi qui seul peut assurer l'achèvement de notre entreprise.

Pour le Conseil d'administration ,

L'Administrateur général, LÉO.

Imprimerie d'AD. ÉVERAT et Comp., rue du Cadran, 14 et 16.